ん に²
レ ｏ

2025년 5월 8일 초판인쇄

지은이 | 최관하
발행인 | 최안치

펴낸곳 | 제이플러스애드
출판등록 | 1994년 3월 28일 제10-954호
주 소 | 서울시 마포구 연남로 83 2층 201호
연락처 | 전화(02)335-1155 팩스(02)333-7485

ISBN 978-89-86871-49-4(03230)
값 15,000원

- 이 책은 제이플러스애드가 저작권자와의 계약에 따라 발행한 것이므로
  어떠한 형태나 수단으로 이 책의 내용을 이용하시려면 본사의 서면 허락이 있어야 합니다.
- 잘못된 책은 바꾸어 드립니다.
- 이 책의 수익금은 청소년 복지와 선교를 위해 사용됩니다.

울보선생의
캘리그라피 묵상집

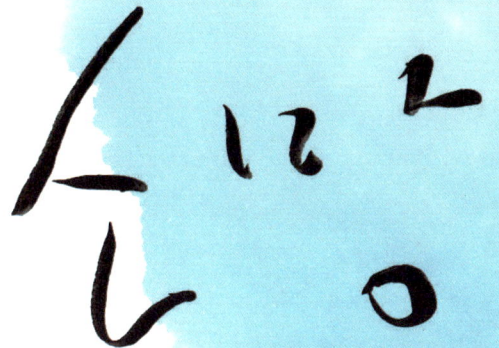

최현아 지음

제이플러스 애드

• 소감글

선생님께서 지금까지 어떤 마음으로 삶을 살아오셨는지를 느낄 수 있었다. 짧은 글귀들이지만 그 안에 삶의 지혜가 녹아져 있다. 나는 믿음, 사랑, 소망 중 '소망'은 조금 당연하게 생각했던 것 같다. 하지만 어려운 상황 속에서 소망을 갖는다는 것은 절대 쉬운 일이 아니기에, 책을 통해 소망의 힘이 삶에서 얼마나 중요한지 깨닫게 되었다. 절망적인 순간, 소망을 놓지 않았을 때가 나에게도 있었다. 그리고 내 삶의 태도가 달라졌던 기억이 떠올랐다.
삶의 방향을 잃은 것처럼 느껴질 때 이 글귀들을 통해 위로와 유머, 그리고 때로는 지혜의 말로 다시 삶을 살아갈 용기가 생길 것 같다. 앞으로도 이 글귀들을 마음에 새기면서 소망을 놓지 않는 삶으로 살아가고 싶다.

강수아(청년, 로펌 직원)

「소망」은 수많은 인생을 만나고, 살피고, 또 함께 울어주면서 마음에 한 올 한 올 새긴 최관하 목사님의 '잠언'과도 같은 책입니다. 삶에서 나오는 지혜는 세상에 갇히지만, 세상을 이기는 지혜는 하나님께로부터 나온다는 것을 다시금 새기면서, 밭에 감추인 보화를 캐내듯 글을 읽는 내내 가슴 벅찬 행복감을 느낄 수 있었습니다. '소망'은 하나님을 믿는 믿음 안에서 시작되고 '믿음'은 우리를 그 어떤 상황에도 나아가게 하기에 결국 우리의 소망은 그분의 뜻이 이루어지는 그곳으로 이르게 한다는 놀라운 깨달음을 주는 책입니다. 무미건조한 마음밭을 지니고 사는 당신에게, 이윽고 옥토밭으로 변화시켜 주는 책이 「소망」입니다.

김인식(ccm 가수, 대표곡 : '야곱의 축복')

선생님의 손글씨를 보는 순간 참 '예쁘다', 그리고 '멋있다'는 생각을 했습니다. 그 글씨로 엽서를 만들고 써서 주셨던 생각도 났습니다. 선생님의 글씨로 누군가를 격려하고 위로하는 것을 직접 보여주셨습니다. 책을 읽는 동안 그동안 말씀하시고, 또 행하셨던 선생님의 삶이 녹아 있는 것 같았습니다. 청소년들의 삶에 도움이 되고 힘이 되는 글을 남겨주셔서 감사합니다. 이 책을 읽는 분들은 '소망'을 품게 될 것 같습니다. '믿음'과 '사랑'의 마음을 품고 현실이 힘들어도 열심히 살아가는 삶으로 변화될 것 같습니다.

김여진(청소년, 학생)

10대 때는 20대가 되면 사라질 고민인 줄 알았건만, 20대가 되어도 난 여전히 같은 고민을 하며 살아간다. 20대인 지금, 30대가 되면 이 고민들은 사라질 것이라는 막연한 마음으로 살아간다. 소망, 믿음, 사랑이 이 어지러운 맘의 해답이라면 난 기꺼이 믿어보아야 하는 것이 아닌가 하는 생각이 들었다. 「소망」책을 읽었다. 예쁜 손글씨 안에 얼마나 무게감 있는 인생의 의미들이 꾹꾹 담겨 있던지, 책장을 한 장 한 장 넘길 때마다 그 중량을 느낄 수 있다. 이 책을 통해 그렇게 또 내 마음을 위로하는 법을 배우고, 또 한 번 성장해간다.

이채은(청년, 대학생)

사랑하고 존경하는 '울보선생' 최관하 목사님께서 캘리그래피가 담긴 묵상집을 출간하셨습니다. 이 책은 삶의 이야기 속에 따뜻함이 묻어나는 '향기 나는 책'입니다. 이 책은 믿음, 소망, 사랑으로 살아가는 것이 얼마나 중요한지를 깨닫게 해 주는 '통찰의 책'입니다. 이 책은 바쁘게 돌아가는 우리의 삶 속에 쉼표를 찍고 생각할 수 있는 여유를 제공해 주는 '성찰의 책'입니다. 인생의 지혜를 얻고 삶의 희망을 찾기 원하시는 모든 분에게 이 책을 권합니다.

김성중(장로회신학대학교 교수, 기독교교육리더십연구소 소장)

한 글자 한 글자 마음을 담아 쓴 이 글에는, 제자였던 나를 비롯한 많은 이들을 하나님의 사랑으로 대하셨던 선생님의 따뜻한 마음이 고스란히 담겨 있다. 책 속에 담긴 글귀는 삶을 돌아보게 하고, 무겁게 느껴지던 일상에서 힘차게 나아갈 용기를 북돋워 준다.
소망과 믿음, 사랑으로 채워진 이야기들은 지친 마음에 따스한 위로가 되어줄 것이다. 독자는 이 책을 통해 깊은 감동과 아름다운 삶을 꿈꾸게 될 것이다.

김혜승(공무원, 구청 직원)

차갑고 혹독한 경쟁의 사회를 살아가고 있는 현대인들에게 감히 '소망'을 말할 수 있는 사람이 있을까. 만약 그런 사람이 있다면 이미 경쟁에서 승리한 승리자의 위선으로 여겨지지 않을까. 하지만, 이 책을 가득 채우고 있는 '소망'은 위선이 아니라 공감이었고 위로였으며 인생의 긴 터널을 지나 성숙해져 온 증인의 사랑이었다. 18년 전 교단에서 외치시던 그 '소망'은 제자였던 내겐 '희망'이 되었고 그의 '소망'과 '기도'로 나는 어느덧 하늘을 바라보는 '소망'을 가지게 되었다. 이 책을 통해 또 다른 제자가, 인생의 후배들이, 참된 '소망'을 품게 되는 놀라운 기회가 주어지길 간절히 기도한다.

용광민(극작가, 공연 기획자)

'소망'에 대한 자필 묵상집을 읽으면서 제 인생이 마치 주마등처럼 스쳐 지나갔습니다. 지난날 제 모습은 스스로를 비롯하여 누군가를 용서하 '기도', 사랑하 '기도' 어려운 사람이었습니다. 이 책 내용 중, "용서하지 못하면 용납하라"는 저에게 너무 큰 울림이 있었어요. 이제는 예수님의 마음으로 '기도'하며, 하나님을 통해 대가 없이 거저 받은 사랑을, 주님이 허락하신 날까지 받은 사랑을 흘려보내는 삶을 살길 소망합니다. 힘든 나날을 겪고 있는 분들, 인생이 혼자라고 생각하는 분들, 사랑받고 싶은 분들에게 큰 힘이 될 책입니다.

박수영(청년, 요리사)

책을 읽기 전까지는 몰랐습니다. '소망'이란 단어가 가진 힘을. 무엇보다 감사한 것은 '소망'이 '희망'이 되고 '희망'이 '용기'가 되는 순간을 이 책을 통해 얻게 되었습니다. 절망 끝에 서 있다고 생각되나요? 이 책을 읽어 보세요. 한 줄을 읽는 순간부터 '소망'하게 되고 '희망'을 갖게 되며 '용기'를 얻을 수 있을 겁니다.

나상천(대표, 꿈의 엔진)

『소망』은 아름다운 캘리그래피 작품과 함께 위로와 희망의 메시지를 담고 있다. '소망, 믿음, 사랑'이 담긴 글과 캘리그래피 작품이 책을 보는 내내 마음을 따뜻하게 어루만져 준다. 짧은 문장 속에 담긴 깊은 울림이 내 지친 마음에 조용한 위로를 건넨다.
책을 한 장 한 장 넘길 때마다 시선은 캘리그래피 작품과 글에 살며시 머무르고, 마음은 잠시 멈춰 선다. 『소망』은 고단한 일상에서 위로와 격려가 필요한 이들에게 작은 빛이 되어 줄 수 있을 것이다. 소망을 잃지 않게 도와주는 이 책을 통해 따스한 마음의 평안을 느낄 수 있었다.

지선영(그림작가, 조교수)

청소년 시절, 최고봉을 겪고 있는 고3 딸이 있습니다.
세상이라는 전쟁터에 나가기 전 쥐어 주고 싶은 무기가, 첫째 하나님의 말씀이라면, 둘째로는 세상을 살아가는 넉넉함을 키워줄 참 지혜로 가득한 '소망'이라는 이 책이 아닐까 싶습니다. 이 책을 읽는 내내 '그렇지!', '맞아~', '이렇게 살면 좋겠어' 하며 공감하게 됩니다.
책 내용 중 "왜 이 시대 이 땅에 자신을 보내 주셨는지 깊이 생각하라"는 말에, 내 자녀뿐만 아니라 나에게도 큰 울림이 되고 나의 정체성을 돌아보게 됩니다. 청소년들 그리고 청소년 자녀를 둔 부모님들이 보시면 힘이 되리라 믿어 적극 소개하고 싶습니다.

조미영(수험생 학부모)

소망, 믿음, 사랑. 작가의 손끝에서 그려진 독창적이고 아름다운 글씨가 그 단어들을 빛나게 한다. 글자마다 그의 숨결이 담겨, 마치 울창한 나무 사이로 스며드는 햇살처럼 잔잔히 흔들린다. 페이지를 넘길수록, 눈으로 보이던 글이 가슴으로 다가와 말을 건넨다. 아, 나는 참 바쁘게 살아왔나 보다. 잠시 멈추어 선 덕분에, 더 흐려지기 전에 꺼내 볼 수 있었다. 오래전 내 마음 한편에 머물던 열정과 감정들을.

박광식(섹소포니스트)

저자를 가까이 지켜 보면서 항상 부럽다는 생각을 했다. '어떻게 이 분은 이렇게 하나님께 받은 은사가 많을까? 또 받은 은사를 어떻게 저렇게 잘 사용하실 수 있을까?' 이렇게 멋진 책을 보면서 부러움이 하나 더 추가 되었다.
이 책은 저자의 신앙고백이다. "이렇게 믿고 소망하고 사랑하고 있습니다."라는 고백이다. 저자가 고백하는 그대로 살아내시며 간증이 되는 분을
매일 곁에서 보고 있는 나는 참 행복한 사람이다. '부러움'에 '존경'이 추가되었다.

오승환(이사장, 더작은재단)

저는 현재 세마고 1-5반 담임교사입니다.
예전에 최관하 선생님과 같은 학교에서 함께 근무했던 영어 교사이기도 합니다. 그 당시 선생님께서 학생들을 진심으로 아끼며 지도하고, 기도하는 모습을 실제로 보며, 저는 이분을 저의 롤모델로 정하게 되었습니다. 『소망』에는 선생님의 마음과 삶의 교훈들이, 직접 손글씨로 쓰여져서 더 감동적이고, 또한 실제 에피소드까지 있어서 한층 더 감동적입니다. 저는 조회 시간마다 <오늘의 명언> 코너를 진행하면서, 아침마다 어떤 명언을 가지고 어떻게 하루를 시작하게 해줄 지를 고민하던 중이었는데, 이 책은 단비와 같습니다. 이 책을 읽고, 아침 조회 때마다 명언을 한 가지씩 칠판에 씁니다. "재능을 발견하는 것도 중요하다. 그것을 '선하게' 사용하는 것은 더 중요하다." 그리고 학생들에게 책 속 에피소드를 낭독해주었더니, 한 학생이 느낀 점을 발표합니다. "재능을 발견하게 되면 보통 남에게 자신을 과

시하기 위해 자신의 잘남을 드러내고 싶기 마련인데, 저도 이 예화처럼 저의 재능을 발견해서 그것을 남이 보이지 않는 곳에서도 타인을 돕고 사랑을 전하는 사람이 되어야겠다는 생각이 들었어요." 그리고 반 학생들과 저는 감탄하며 박수를 보냈습니다. '소망'이 물씬 풍기는 이 책이 참 좋습니다.

신고은(교사, 세마고)

오늘날, 컴퓨터와 스마트폰이 대중화되면서 손글씨를 쓸 일이 줄어들고 있습니다. 문자 메시지는 너무나 쉽게 입력되고, 키보드 몇 번이면 금세 지워지기까지 합니다. 그럼에도 불구하고 우리는 여전히 누군가에게 진심을 전할 때, 손으로 꾹꾹 눌러쓴 편지를 건넵니다. 쉽게 쓸 수도, 쉽게 지울 수도 없는 자필 편지에 담긴 특별한 감동이 있기 때문입니다. 이 책에는 최관하 목사님의 삶과 신앙이 담겨 있습니다. 한 글자, 한 문장마다 하나님을 향한 사랑과 이웃을 향한 따뜻한 묵상이 스며 있습니다. 빠르고 편리함이 우선시되는 이 시대에, 느림 속에 마음을 담아 전하는 이 '편지'가 여러분의 삶에 깊은 쉼과 따뜻한 위로가 되기를 축복합니다.

주경훈(오륜교회 담임목사)

책을 펼치자마자 눈에 들어온 것은 정돈된 본문 글씨체와 따뜻한 손글씨였습니다. 친근하면서도 예술 작품처럼 느껴지는 글씨는 최관하 목사님의 트레이드마크처럼 다가왔고, 그렇게 '소망'을 주제로 한 내용은 읽는 내내 마음이 따뜻해지는 것을 느낄 수 있었습니다. 지치고 힘든 일상에서도 우리가 버틸 수 있는 이유는 바로 '소망'이 있기 때문임을 다시금 깨닫게 됩니다.

이 책은 인생의 방향을 잃었을 때, 다시 일어설 힘과 위로를 전해주는 메시지 같은 책입니다. 나 자신을 돌아보게 하고 사람들과의 관계에서 지혜롭게 살아갈 수 있는 힘을 전해주는 책이라는 생각이 듭니다. 감사의 마음을 전하며, 진심을 담아 '소망'을 추천합니다.

허진설(성악가, '오페라의 유령' 주연)

• 머리글

캘리그라피에 소망을 담습니다

저는 필기 도구가 참 귀했던 어린 시절을 보냈습니다.
 글쓰는 것을 무척 좋아하던 때, 그 당시 질이 좋지 않은 연필이었지만 닳을 때까지 사용했고, 그렇게 짤막해진 연필을 볼펜꽂이에 끼워 사용했던 적이 있습니다. 종이도 없어서, 신문지 여백에 글을 쓸 정도로 참 많은 글을 썼습니다.

세월이 흐르며 다양한 필기도구를 접했습니다.
 연필뿐만 아니라, 샤프, 펜, 붓, 붓펜 등의 여러 가지 도구로 글을 썼습니다.
 글을 짓는 것도 좋아했지만 쓰는 것도 좋아해서, 나만의 글씨체를 일곱 개나 갖게 되었습니다. 때마다 다양한 필체로 글을 썼고, 글씨를 썼습니다.

다양한 재료에 글을 썼습니다.
 도마로 사용하는 나무판을 사서 그 위에 글을 썼습니다. 접시에다가도 쓰고, 심지어는 나뭇잎에도 썼습니다. 특히 결혼을 하는 부부에게는 '결혼 축시'를 써서 읽어주고, 그것을 글로 써서 선물로 주었습니다. 생일 때도 그런 방법으로 글을 써서 선물했지요.

제 손글씨로 자필 엽서를 만들었습니다.
 성경의 구절을 쓰기도 하고, 제 시를 써서 넣기도 했습니다. 그리고 뒷면에 짤막한 격려의 글을 써서 선물했습니다. 행복했습니다. 써서 선물하는 저도, 받는 사람도 모두 행복했습니다. 이 행복을 함께 나누고자 자필 시집 「나는 너를 사랑하노라」를 발간한 적도 있습니다.

이번에 꼭 나누고 싶은 짤막한 글귀를 모은 캘리묵상집을 내놓습니다.

그동안 날 지탱해왔던 명구, 격언 같은 글들입니다. 제가 만든 말도 있고, 어디서 들었던 말도 있고, 강의 때나 대화 때 제가 잘 사용하는 말이기도 합니다. 이 말들의 공통점은 '소망'을 잃지 않는 것입니다. 힘든 세상에서 '소망'을 품는 것입니다.

예전에는 '캘리그라피'라는 말이 없었습니다.

'자필', 즉 '손글씨'라 했습니다. 손글씨만의 매력이 있습니다. 어떤 내용을 손으로 글을 쓸 때는 그 사람에게 집중한다는 것이죠. 저는 이 글을 읽는 독자들이 누군지는 모르지만, 집중하며 한 글자씩을 남겼습니다. 진심이 전달되리라 믿으며 썼습니다. 무엇보다 소망을 잃은 분들이 소망을 찾기를 바라는 마음으로 썼습니다.

이 책을 내기까지 도와주신 분들이 계십니다. 따뜻한 마음으로 선뜻 귀한 그림을 표지화로 선사해준 지선영 작가에게 감사를 드립니다. 삽화로 도움주신 신고은 선생님께 감사합니다. 항상 마음의 벗 되는 제이플러스 이우양 사장님께도 감사드립니다. 어려운 때에 귀한 책을 출간해주어서요.

또한 항상 기도하며 동행하는 우리 가족들, 사랑하는 아내 오은영과, 두 딸 다솜이, 다빈이에게 감사드립니다. 무엇보다 아픔과 힘겨움 속에서 자라난 저를 만나주시고 어떤 상황에도 소망을 잃지 않고 살아가게 하시는 주님께 감사를 드립니다.

저자 최관하

· **목차**

- 소감글
- 머리글

I 믿음으로 살기

무릎	16	목숨	34
무엇임에도	18	기도	36
because of	20	삶	38
축복	22	순발력	40
능력	24	집중	42
영향	26	오뚝이	44
맨 땅	28	시험	46
기적	30	현재진행형	48
사명	32		

Ⅱ 소망으로 살기

소망	52	묵상	70
시간	54	길	72
기회	56	지혜	74
열매	58	관리	76
인생	60	이해	78
눈물	62	십대	80
수레	64	탤런트	82
재능	66	결혼	84
자살	68		

Ⅲ 사랑으로 살기

사랑	88	평범	106
3단계	90	젊음	108
소금	92	사색	110
한 가지	94	밀알	112
파이프	96	용서	114
소통	98	용납	116
자신	100	상처	118
재능	102	나에게 너	120
길목	104		

I

믿음으로 살기

무릎

삶은 녹록치 않다. 생각하는 것처럼 진행되지 않는다.
경쟁의 세상에서 주관을 가지고 사는 삶은 참 힘들다.
특히 좋은 사람과 관계가 잘 이루어지면 좋은데,
관계가 어려워 힘이 드는 경우가 많다.
물질적으로, 건강의 어려움도 많다. 그럴 때 어떻게 해야 하나?
한숨만 쉬고 있을 수도 없다. 살아가야 하기 때문이다.
싫든 좋든 관계 속에서 또 하루를 살아야 하기 때문이다.
세상은 좌절을 주려 한다. 당신은 요즘 무엇 때문에 힘든가?
살고 싶지 싶은가? 살 길이 없는가? 아니다, 있다.

감당할 수 없을 정도로 힘들어 그 자리에 무릎 꿇고 엉엉 울고 싶을 때가 있다.
무릎은 꿇을 수 있다. 그러나 숨을 가다듬고 두 팔을 하늘로 벌려
무릎으로 기도하라. 새 힘이 부어질 것이다.

자결이 많이
되지않고
기도의 많이
되어라

무엇임에도

성장하는 아이들이 이렇게 얘기할 때가 있다.
'저는 얼굴이 안 되어서요. 집에 돈이 없어서요. 성적이 안 좋아요~'
'무엇이 없기 때문에 인생이 마음대로 안된다'는 뜻이다.
'무엇 때문'을 생각하면 삶의 활력이 없다.
남들과 비교 의식이 생겨 열등감에 빠지기도 쉽다.
하지만, 희망을 놓지 말라. 인생은 '그럼에도 불구하고' 가능하다.
중요한 것은 마음에 어떤 생각을 품고 있는가이다.
'그럼에도 불구하고', '무엇임에도 불구하고'의 생각으로 살아갈 때,
인생은 아름답게 펼쳐지게 된다.

'돈, 외모, 성적 때문에'처럼 무엇 때문에 무엇을 못하는 것이 아니다.
돈이 없음에도, 외모가 뛰어나지 않음에도, 열심히 했지만 성적이 부족함에도 불구하고,
비전이 있는 한 그 삶은 아름답다.

무엇 때문이 아니라
무엇임에도 불구하고

악한 생각, 부정적인 생각이 사고를 지배할 때가 있다.
그것은 사단이 주는 마음이고 생각이다.
없는 것과, 안되는 것, 잘못된 것에 집착하도록 만들기 때문이다.
이 생각은 자신만이 아니라, 타인마저 괴롭게 할 때가 있다.
'이유를 들어(because of)' 하지 못하도록 한다는 특징이 있다.
하지만 '그럼에도 불구하고(inspite of)'는 창조의 언어, 생명의 언어다.
이 말은 삶에 힘을 실어주고, 활력을 더해주며,
긍정적으로 삶을 바라보게 하며, 생동감 있는 삶을 살게 하는 동력이다.

"because of"는 사단의 언어다. 이유를 달며 못하게 만든다.
우리의 삶을 좌절케 한다. 그러나 "inspite of"는 생명의 언어다.
어떤 상황에도 불구하고 길과 진리와 생명이 되는 살리는 언어다.

because of 가 아니라
inspite of 의 인생

축복

누군가를 축복하는 방법에는 여러 가지가 있다.
말이나 글을 통해, 선물을 통해, 또 만남을 통해서 전달할 수 있다.
하지만 가장 큰 축복은 그를 위해 기도하는 것이다.
기도는 하나님께 올려드리는 것이다.
즉, 나의 축복의 한계를 뛰어넘어 전능하신 하나님의 은혜를
소망하는 것이기에 그 축복은 하늘로부터 오는 것이다.
인간인 나의 축복도 기쁨과 힘이 되지만,
하나님께서 나의 기도를 들으시고,
기도의 대상을 축복하신다는 믿음으로 기도하라.
풍성함을 경험하게 될 것이다.

'힘내', '응원한다', '잘될거야'라는 말만 들어도 힘이 난다.
그것은 축복의 말이기 때문이다. 하지만 가장 큰 축복의 언어는 기도하는 것이다.
사람의 힘을 뛰어넘는 주님께 간구하는 것이다.

최고의 축복은 기도다

능력

암병동에 가게 되면 많은 암환자들이 있다.
다소의 차이는 있겠지만,
특히 이 땅의 생명이 얼마 남지 않은 분들이라면 무슨 말을 해야 할까?
'어서 일어나세요'. '꼭 회복하세요'. '잘 될 겁니다.'
백 번의 격려의 말도 중요하다.
하지만, 한 번의 기도가 더 능력이 있고, 중요할 때가 있다.
즉시 그 자리에서 상대를 위해 기도하라. 그리고 하나님의 능력을 구하라.
하늘로 부르심을 받을 때까지 이 땅의 생명을 위해,
회복을 위해 기도해야 할 책임이 우리 남겨진 사람에게 있다.

죽음을 앞둔 암 환자에게 사람의 격려는 한계가 있다.
그러나 생명을 주관하는 주님께 기도를 드릴 때, 인간의 영역을 뛰어넘는
주님의 능력을 신뢰할 수 있다. 한 번의 기도라도 진심으로 하라.

백번이 져봐도
한번이 가슴에
더 중요해 봤다

영향

혼탁한 세상, 가치관, 문화의 홍수 속에서
모든 사람들이 악영향을 받으며 살고 있다.
시기와 질투, 폭력과 미움, 마약과 전쟁,
바른 기준이 흔들리고 없어진 것 같은 이 시대.
갈수록 혼란스러운 현재에 무엇을 삶의 기준으로 하며 살겠는가?
진리로, 바른 기준으로 살아갈 때, 세상의 파도에 흔들리는 인생이 아니라,
악한 세상을 끌고 다닐 수 있는 사람이 될 수 있다.
악한 세상을 선하게 바꿀 수 있는
그리고 선한 영향력을 미칠 수 있는 인생이 될 수 있다.

세상은 우리에게 스트레스를 주며 끌고 다니려 한다.
특히 악한 가치관과 문화의 유혹이 드세다. 올바른 삶의 기준을 세워라.
그럴 때 세상에 끌려다니지 않는다. 오히려 세상을 끌고 다닌다.

세상의 박영함을
받지 않는
세상에 선한 영향을
끼치는 인생

맨 땅

나에게 아무 것도 없다고 느낄 때가 있다.
내 삶에 어떤 힘이 없다고 느낄 때가 있다.
그때 할 수 있는 것은 그저 최선을 다해 노력할 뿐이다.
자신에게 주어진 삶을 부둥켜안고 모질게 눈물 흘리면서도
자기 인생을 끌어안고 사랑해야 한다.
단단한 것 같은 땅이지만 계속해서 두드릴 때,
머리가 아프다. 깨질 것 같다.
하지만, 포기하지 않고 계속해서
그리고 마지막 한 번의 노력을 더 했을 때, 알게 된다.
눈에 보이지는 않았지만 이미 땅바닥 밑이 갈라지고 있었다는 것을.

한 번인 인생, 최선의 삶을 살아야 한다.
부족한 것이 많아도 믿음과 바른 기준을 가지고 살아가는 가운데, 노력하라.
그 노력으로 이미 단단한 땅은 보이지 않는 밑에서 갈라지고 있다. 지금도.

먼 땅에 도달해떠
머리가 빠개질 것 같으마
그 땅이 갈라진 후에도
바람 앞에 닿나
이때 땅바닥이
흔들리고 맞닿는 것을

성경은 많은 기적을 이야기하고 있다.
성경을 믿지 않는 사람들도 이 땅에 기적이 있다는 것을 부인하지 않는다.
성경에 기록된 많은 사람들이
기적의 주인공이 된 공통점은 기도의 사람이었다는 것이다.
그처럼 이 시대에 우리도 기도할 때 놀라운 기적을 맛보게 된다.
힘든 자, 무너진 자, 죽을 수 밖에 없는 자를
일으켜 세우는 기도는 인간의 한계를 뛰어넘기 때문이다.
기도하라. 기도하는 순간, 하나님께서 일하시는 것을 경험한다.
그리고 기도의 제목이 이루어짐을 보게 된다.

성경의 이야기는 기적의 이야기다. 그것은 옛날 이야기가 아니다.
현재 살고 있는 이 세상에도 기적이 있다. 특히 성경을 믿고 기도하면 많은 기적을 경험한다.
가장 큰 기적은 구원의 기적이다.

기도해떠란

기적이 생기기 한때

기도해떠서도

기적이 없때란

그것은 정말

기적이다

사명

어느 시대에 태어나든지 비교할 수 없는 가치가 있는 존재가 인간이다.
의미 없이 태어난 사람은 아무도 없다는 말이다.
특히 누구에게나 부여되는 사명이 있다.
발견하든 그렇지 않든, 크든 작든 구분없이
인간은 누구나 사명을 가지고 태어난다.
그 사명을 알고 사는 사람은 사명을 이루기 위해 노력한다.
그 삶은 사명이 성취되든 그렇지 않든 의미가 있다.
왜냐하면 사명을 알고 그것을 이루어가는 과정이 곧 삶의 의미이기 때문이다.
사명을 이룬다는 것은 생명을 다하는 것이다.

사명이 있는가. 사명자는 사명이 끝나기 전까지는 하늘나라로 불려 가지 않는다.
사명자는 죽음을 맞이하는 것을 두려워하지 않는다.
사명이 생명보다 중요하고 사명이 생명보다 강하기 때문이다.

사랑은
말로하지 않습니다

목숨

죽고자 하는 아이, 가정이 무너진 아이,
병에 걸려 죽어가는 아이 등을 참 많이 만나고 보아왔다.
이 땅에 소망이 없을 것 같은 아이들을 만나봤다.
그래서 기도했다.
눈물이 마르지 않도록 기도하며 최선을 다해 도울 때,
죽고자 하는 아이는 살아났고, 무너진 가정은 회복되었다.
병에 걸린 아이 또한 살아나는 축복을 경험했다.
눈물의 기도, 무릎으로 올려드리는 기도,
예수님처럼 겟세마네 동산에서 목숨을 걸고 기도했던
많은 기도의 모습이 내 삶에 적용될 때 회복은 일어난다.

울보가 되어라. 기도의 눈물은 주님께서 들으신다.
낙타무릎이 될 정도로 간절히 기도하라. 주님께서 꼭 들으신다.
주님처럼 목숨걸고 기도하라. 크고 은밀하고 놀라운 기적의 응답을 볼 것이다.

눈물로
무릎으로
목숨 걸고
기도하라

기도

인간으로 도저히 할 수 없는 상황이 주어질 경우에도 기도는 할 수 있다.
소리를 낼 수 없을 때에도 마음으로 할 수 있는 것이 기도다.
기도는 하나님과 대화하는 것이며, 영적인 호흡이다.
인간이 연약해서 할 수 없는 일이 많지만,
세상을 만드신 하나님께 의지하며 기도하라.
사람도 기도가 막히면 호흡이 끊어져 죽는다.
특히 기도하는 사람이 기도하지 않는다면 영적인 호흡이 멈출 것이다.
육체로만 사는 것이 아니라, 영적으로 살기를 원하는가?
그렇다면 지금 바로 기도하라.

사람의 기도, 곧 목구멍이 막히면 그 사람은 죽게 된다.
육신적인 호흡이 끊어지면 살 수 없는 것처럼, 영적인 호흡인 기도가 멈추어서는 살 수가 없다.
영적인 호흡, 기도를 쉬지 말아야 한다.

기도 받듬며
기도 받음 축하다

세상은 다른 사람과 경쟁하도록 만든다.
싸워 이기도록 부축긴다.
그러나 결국은 자기와의 싸움이다.
게으른 자기와의 싸움, 불성실하고 거짓이 많은 자기와의 싸움,
그 가운데서 새롭게 일어나려 하는 마음과 계속 싸운다.
그래서 인생은 고독한 싸움의 연속이라 할 수 있다.
어떤 다른 사람들과의 싸움보다 자기 내면의 싸움에서 승리하길 바란다.
그래야 다른 사람들과의 싸움에서도 승리할 수 있다.
새롭게 결심하라. 그리고 행동하라.
행동하지 않는 결심은 의미가 없지 않은가.

인생은 혼자 가는 길이다. 가는 길에 관계를 맺은 사람들,
시간의 흐름 속에 함께 했던 모든 군상들,
홀로 있을 때는 자신과 대면하는 시간이 된다. 자아를 살피고 악한 싸움에서 승리하는 나.

삶은 축복이자
자기와 싸우는
고독한 축복이다

순발력

계획을 잘 세우는 습관은 매우 중요하다.
미리 준비하고 또 준비할수록 성과도 있기 때문이다.
하지만 인간사는 예측 불가능한 일이 많기 때문에,
예상하지 못한 일이나 사건, 상황이 발생할 수도 있다.
그때는 어떻게 대처해야 하는가?
지혜롭게 일을 처리하지만, 또 하나 필요한 것이 있다.
그것은 '순발력'이다.
나중에 생각해서 처리할 수 없는 상황일 때는
문제를 만났을 때 바로 대응할 수 있는 순발력을 가지고 있어야 한다.
그 순발력은 평소에 길러야 한다.

문제는 예기치 않을 때 올 경우가 많다.
그럴 때 문제만 생각하다 보면 걷잡을 수 없이 소용돌이친다.
문제를 보지 말고 갑자기 닥친 일에 대응할 지혜의 순발력을 구하라. 평소에 구하라.

지혜로운 솔방덩이
떨어진다
삶이 힘들다 할때는
문제에 휘둘리지 말고
지혜로 대응하라

집중

어려울 때 땅바닥을 보며 한숨을 쉬면,
문제는 그대로 있고 사람은 늙어간다.
'사방을 둘러봐도 꽉 막힌 것 같지만,
하늘은 뚫려있다'는 말이 있지 않은가?
문제보다 크신 하나님을 바라볼 때 해결자 되시는 하나님을 만날 수 있다.
그러니, 어려움에 있다면 그 무엇보다
지금 당장 하늘을 향해 고개를 들고 심호흡을 하라.
마음을 가다듬고 안정된 마음으로 하나님께 집중하고 기도하라.
그리하면 하나님께서 해결해주시는 것을 경험하며 사는 인생이 될 것이다.

크고 작은 문제를 경험하는 삶이 우리의 인생이다.
나이와 관계 없이 인생은 문제를 만나고 해결해 가는 과정이다.
그럴 때 문제에 집중하지 말고 문제의 해결자 되시는 하나님을 바라보라.

끝까지에 집중하지 말라
끝에 보다 과정
하나씩에 집중하라

오뚝이

흔들리는 인생, 주저앉아 못 일어날 것 같은 삶,
우리의 인생이 그렇게 염려될 때가 있다.
그러나 희망을 잃지 말자. 현재의 아픔과 고통을 끌어안자.
그리고 일어나려 애쓰자.
또 미끄러지고 흔들리는 순간이 온다 하더라도 다시 일어나기에 힘쓰자.
우리의 인생은 오뚝이와 같다.
흔들거리지만 결국은 제자리로 돌아오는 삶. 그 오뚝이를 본받자.
흔들릴수록 중심을 잃지 않고 돌아오는 오뚝이 같은 인생,
그 삶이 나의 인생이라고 외치며 일어서기에 힘쓰자.
지금 비록 흔들린다하더라도.

오뚝이를 아는가? 오뚝이는 힘을 주면 흔들거리지만
결국 중심을 찾고 제 자리로 돌아오게 된다. 우리의 인생도 흔들릴 때가 있지만
그 과정을 거치고 나면 제자리로 돌아오는 오뚝이가 된다.

흔들리지언정
얀전히 쓰러지진
못 일어나는 것이 아니라
결국 제 자리로 돌아오는
뚝이 있음

시험

중간고사, 기말고사, 수능고사,
취직 시험 등 삶을 살아갈 때 참 많은 시험을 맞이한다.
이런 시험은 'test'이다. 살아가는 데 필요한 시험이다.
내 수준이 어느 정도인지, 가늠해 볼 수 있고,
또 부족한 것을 확인할 수도 있기 때문이다.
하지만, 이런 필요한 시험 때문에,
'죽고 싶어, 포기하고 싶어'하는 마음이 든다면
또 하나의 시험, 'temptation'에 든 것이다.
이것은 부정적 시험이다. 이 시험은 삶을 무너뜨린다.
'필요한 시험(test) 때문에 부정적 시험(temptation)에 들지 말라'.

시험에는 두 가지 의미가 있다.
하나는 '시험(test)'이다. 긍정적이고 필요한 시험이다. 또 하나는 '시험(temptation)'은 '파멸, 유혹, 절망'의 의미를 갖는다. 둘다 이겨내야 하는 공통점이 있다.

시험(test) 받게에
시험(temptation)에
들지 말라

현재진행형

'결혼식은 잘 준비하는데,
결혼생활 할 준비는 잘 하지 않는다.'는 말을 한다.
결혼식보다 더욱 중요한 것은 결혼생활이다.
앞으로 혼자가 아니라, 배우자와 함께 살아가야 하기 때문이다.
그래서 결혼은 '~ing, 현재진행형'이다.
요즘은 여러 가정 프로그램이 많다.
'아버지학교, 어머니학교, 부부학교, 부모자녀소통캠프' 등이 있다.
부부학교도 '예비부부학교, 결혼예비학교' 등 다양하다.
어떤 것도 좋다. 배우기에 힘쓰고 계속 배워라, 또 사용하라.
그럴 때 행복한 결혼생활을 보장한다.

'결혼'이라는 영어 단어에 붙어 있는 'ing'의 의미가 크다.
결혼은 끝이 아니라, 현재진행형이다. 그래서 계속 성장해가는 것이다.
단, 혼자가 아니라 이제는 사랑하는 배우자와 함께 가는 것이다.

'Wedding'
결혼은 끝이 아니라
'-ing'다.
현재진행형이다

II

소망으로 살기

소망

근육 세포가 점점 없어지는 질병을 가진 제자를 담임한 적이 있다.
그 아이를 위해 눈물로 기도했다.
생명의 주관은 하나님께 있기에,
고3을 못 넘긴다는 시한부 인생의 내용을 들었으면서도
소망을 품고 기도했다.
얼마나 울면서 기도를 했는지 나중에는 눈에 쌍꺼풀이 생겼고,
별명이 '울보선생'이 됐다.
나도, 제자도, 그 부모님도 생존의 소망을 붙들고 기도했다.
수능을 치르고 고3 마지막 겨울 방학 때,
이 아이의 병이 멈추었다. 이 아이는 지금 40대의 나이로 살아가고 있다.

살다보면 인생의 어두운 때를 경험할 때가 있다.
하지만 어둠은 지나간다는 소망을 잃지 않을 때, 그 인생은 꽉 막힌 동굴이 아니라,
결국은 통과하게 되는 터널이 된다. 빛을 만나는 터널이 된다.

소망이 있는 한
인생은
풍물이 매달린 풍선이다

소망으로 살기

'시간의 속도는 나이에 비례한다'는 말이 있다.
10대면 10km, 20대면 20km~, 50대면 50km의 인생 속도라는 말이다.
일리가 있는 말이다. 시간은 붙잡을 수도 없다.
내가 무엇을 하든지 시간은 어김없이 흐르고 있다.
아니 나에게 주어진 제한된 시간을 내가 달려가고 있다고 보아도 된다.
그래서 열심히 살아야 한다.
주어진 시간, 다시 오지 못하는 시간, 그 시간 위에서 무엇을 할 것인가?
가장 의미 있는 일은 무엇인가?
현재 그 시간 위에서 나는 무엇을 해야 후회가 없을까?

붙잡을 수 없고, 돌이킬 수도 없고, 지나가면 끝인 것이 시간.
지금의 순간은 다시 오지 않는 고귀함이 있다.
삶의 연속인 시간이 나와 함께 달려가고 있다. 후회 없는 삶, 시간을 잘 사용하라.

내 앞에
시간이
얼음같이 있다

기회

물질, 건강, 사고 등 다양한 삶의 양태에
예상치 못한 어려움이 올 때 어떻게 해야 하는가?
도무지 정답이 없을 것 같은 위기 상황에도
무엇을 생각하고 결정하느냐에 따라, 결과는 판이하게 달라진다.
현상보다 원인에 집중하라. 원인을 파악했으면 분석하라.
그리고 그것에 대한 대안을 모색하라.
원인이 잘못되었다면 그것을 해결하면 된다.
곁가지에 흔들리지 말고, 본가지에 집중하라.
인생을 살며 위기가 없다고 생각하는 것은 위기다.
'위'가 아닌 '기'를 잡을 때 회복이 있다.

'위기'에는 두 가지 뜻이 있다.
'위'는 '위태로움', '기'는 '기회'라는 뜻이다. '위기'가 올 때 '위'를 잡지 말고 '기'를 붙잡아라.
그럴 때 더욱 단단하게 더욱 높이 성장하게 된다. '위기'는 '기회'다.

있기는
또 하나의 기회다

열매

농부가 봄에 씨앗을 뿌린다.
바람이 불고, 날씨가 좋아 수확을 할 수도 있지만 그렇지 않을 때도 있다.
그래도 농부는 최선을 다해 씨를 뿌리고 논과 밭을 가꾼다.
그럴 때 조금이라도 결실이 맺어지기 때문이다.
힘겨움의 터널을 지날 때도 최선을 다해야 한다는 뜻이다.
상황이 좋지 않아도 할 수 있는 것은 다해야 한다는 뜻이다.
피와 땀의, 수고의 눈물은 거짓이 없다.
최선을 다해 공부하라. 최선을 다해 노력하라.
그렇게 최선을 다할 때 그에 따른 보상, 열매가 나타날 것이다.

눈물이 날 때가 있다. 슬퍼서 힘들어서 죽고 싶어서
그리고 기쁘고 행복하고 좋을 때도 눈물이 나곤 한다.
그 눈물 가운데 포기하지 않으며 최선을 다하며 살아가는 눈물, 그 눈물이 필요하다.

눈물로 씨를 뿌리는 자는 기쁨으로 거두리로다

인생

무엇보다 가장 사랑해야 하는 것은 자기 자신이다.
존귀한 사람, 가치 있는 사람으로 이 땅에 왔기 때문이다.
어느 누구와도 비교될 수 없는 그 자체로
소중한 인격체가 자기 자신이기 때문이다.
남과 비교하지 말라. 비교하면 열등감에 사로잡힐 수 있다.
세상은 자꾸 비교를 권하고, 자존감을 잃게 만들지만,
천하보다 귀한 걸작품으로 이 땅에 온 인생, 바로 자신임을 잊지 말라.
그렇게 주어진 인생, 절대로절대로 그 인생을 포기하지 말라.
어떤 상황이어도 힘주어 꽉 끌어안으라.

나의 인생은 누가 대신 살아줄 수 없다.
그래서 성실하게 치열하게 살아야 한다. 살다보면 포기하고 싶을 때가 생긴다.
그래도 절대로 절대로 포기하지 말라. 누군가가 너를 포기하지 않듯이.

절대로 절대로
아픔을
포기하지 말라

눈물

원통하고 억울해서, 아프고 힘들어서 흘리는 눈물이 있다.
이 눈물들의 공통점은 '힘'을 얻기 어렵다는 것이다.
위로와 격려의 눈물도 한계를 드러낼 수밖에 없다.
그렇다면 우리의 눈물은 소망을 담은 눈물이어야 한다.
소망의 눈물은 기대와 희망을 품고 있다.
그래서 눈물이 마르지 않는한 그 소망이 현실로 이루어짐을 볼 수 있다.
어떤 눈물을 흘리고 있는가?
아프고 힘들고 어려울수록 '소망'의 눈물을 흘려라.
그 눈물의 소망이 내 앞에 놀라운 현실로 이루어짐을 믿으라.

건강의 어려움이 있는가? 삶이 힘겨운가? 관계의 어려움으로 고민하고 있는가?
억울함과 원통, 분노의 눈물이 되지 않기를,
그러한 상황에도 소망의 눈물이 가득하기를, 그래야 이겨낼 수 있다.

꿈이
따로 떨어진
데답이 없다

수레

청소년 시절, 어제와 같은 날이 반복되는 현실이 무척 싫었다.
입시 준비를 했던 때, 혹독한 사춘기를 겪으며
세상에 대한 감사보다는 불만과 비판이 강했었다.
친구들과의 원치 않는 경쟁도 감당하고 싶지 않았지만,
억지로 해야만 하는 현실이 싫었다.
무엇보다 어제와 같은 날이 반복되는 것 같았다.
그런 중에도 매일 공책에 일기를 썼다. 일기를 쓰며 깨닫게 되었다.
어제의 날은 오늘과 같은 날이 아니었고,
내가 어떤 생각으로 살든 오늘이란 인생은 앞으로 나아가고 있었다는 것을.

어제의 인생이 오늘의 인생처럼 느껴지는가? 사실 그렇지 않다.
왜냐하면 어제의 날은 다시 오지 않기 때문이다. 인간은 항상 현재를 살아간다.
과거는 지나간 현재, 미래는 다가올 현재다.

대답하지 못하고 답을
감은 마음이지만
그대를 사랑하는 수밖에
없는 때가 있다

재능

나는 글을 잘 쓰는 재능을 받았다.
그 재능은 내가 스스로 발견한 것이 아니었다.
나의 부모님이나 가족도 아니었다.
나의 글 쓰는 재능을 알아보신 분은 중학교 때 선생님이었다.
중학교 때 그 선생님을 만나기 전까지 나는 나의 재능을 알 수 없었다.
하지만 그 선생님을 통하여 알게 된 후, 정말 나는 작가가 되었다.
시인이 되었다. 그리고 글쓰는 국어교사가 되었다.
재능이 없다고 생각하는가, 없는 것이 아니다.
아직 발견하지 못했을 뿐이다. 언젠가는 꼭 찾게 될 것이다.

누구든지 한 가지 이상의 재능을 가지고 태어난다.
재능은 신이 인간에게 주신 선물이다. 재능이 없다고 말하지 말라.
재능이 없는 것이 아니라 아직 무엇인지 모를 뿐이다. 발견하기를 힘쓰라.

재능이 없는 사람은
없다
없는 것이 아니라
아직
발견하지 못했을 뿐이다

자살

한창 시험 공부 중인 고3, 비오는 새벽 2시였다.
영어 단어를 외우고 있던중, 불현듯 떠오른 생각이 있었다.
죽고 싶다. 매일 같은 날 반복되는 공부, 불투명한 미래,
경쟁 극도 등 이런 복잡한 생각들로 인해 공부를 멈추고
연습장에 글을 쓰기 시작했다.
내 이름을 쓰기도 하고, 가고 싶은 대학교 이름도 쓰고,
그렇게 점과 선의 낙무가 가득했다.
이어서 두 글자의 단어를 연이어 붙여 썼다.
'자살자살'로 써내려간 글자가, 연습장에 꽉 찼고,
끝 글자는 '-자'로 끝나 있었다. '살자'

자살자살자살자살자살자살자살자살자살자살자살
자살자살자살자살자살자살자살자살자살자살자살
자살자살자살자살자살자살자살자살자살자살자살

재산을 계속 쓰고 보면
살 재산이 보인다

소망으로 살기 ······· 69

묵상

매일 아침 성경을 묵상하는 시간이 있다.
15분, 짧은 시간이지만 하나님의 말씀을 묵상하면
위로와 평강을 주시고, 힘과 격려를 주신다. 도전과 비전을 주신다.
잠을 자기 전에 성경 석 장씩을 아내와 함께 읽는다.
그리고 함께 나눈다. 혼자의 묵상도 좋지만,
가까이 있는 사람과 함께 나누는 것은 더욱 큰 유익이 있다.
하나님의 마음을 묵상하고 나누는 시간은 이 땅에서뿐만 아니라,
하늘나라에서도 계속해야 할 일이다.
그 좋은 것을 이 땅에서 먼저 누리는 인생이 되기를 소망한다.

묵상의 시간을 갖는 것은 삶의 활력을 더한다.
자신을 만드신 분의 목적을 생각하고, 열정으로 살기를 소망한다.
자신을 묵상하고, 자신을 만드신 주님을 묵상하라. 더욱 살 희망이 생길 것이다.

붙잡은 새로운
희망을 가진
무엇이 중요한지
알게 해준다

한 사람은 한 인생의 역사다. 스토리가 없는 사람은 없다.
어떤 삶의 길을 가든 그 길은 그 사람의 발자취가 되고, 흔적이 된다.
이력이 되고 관계가 된다. 가는 길이 기쁘고 즐거울 때도 있지만,
슬프고 아플 때도 있을 것이다. 그래도 걸어가는 길,
그것이 인생길이다. 천천히, 때로는 빠르게,
매우 힘들 때는 잠시 앉아 있을지라도 다시 일어나 걸어가는 길,
그 인생길은 한 사람의 사랑이며 수고며 땀방울이며 흔적이다.
그 길은 한 사람의 절절한 역사, 인생 스토리다.

'길.' 누구에게나 걸어가야 할 길이 있다.
생각한 길, 잘못 들어선 길, 올바른 길 모두 자신이 걸어가야 할 길이다.
지쳐 힘이 빠질 때도 일어나 다시 걷는 길, 지나온 길에 삶의 스토리가 있다.

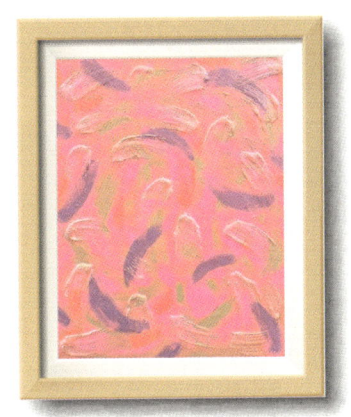

나눔 이
우리 삶에는 길이 없다
가더라도
저리고 쓰러질지라도
우리는 나아가야 한다

지혜

세상의 지식은 참 무궁무진하다.
SNS가 발달한 이 시대는 더욱 그러하다.
하지만 그 문화는 필요없는 것이 무척 많다.
머리를 살찌우는 것 같지만 불필요한 것이 가득하다.
지식으로 멈추지 말고 지혜로 살아야 한다. 지혜는 지식을 발동하는 것이다.
삶에서는 지식보다 지혜가 더 필요할 때가 많다.
세상의 학벌을 자랑하지 말고 지혜로 세상을 살아가길 바란다.
지혜는 삶의 문제를 해결해준다.
진정으로 세상에서 훌륭한 인물들은 지혜로운 인물들이었다.
그 지혜를 구하며 살라.

공부를 많이 할수록 머릿속에 가득한 지식.
하지만 세상을 살 때는 지식보다 그것을 발동해야 하는 지혜가 더욱 필요하다.
지식을 쌓되, 이론이 아닌 실제의 지혜로 사용하기를 노력하라.

지식은
머리를 살찌운다

지혜는
삶의 문제를 해결해 준다

관리

자기관리에서 중요한 것은 역시 '건강'이다.
건강을 잃으면 아무 것도 할 수 없기 때문이다.
그리고 또 누구에게나 중요한 것은 시간관리다.
바쁘게 사는 삶일수록, 해야할 일이 많을수록
시간관리의 중요성은 더욱 커진다.
바쁜 세상, 어떻게 시간을 관리할 것인가?
우선순위를 정하고, 불필요한 시간을 최대한 줄인다.
단, 운동하는 시간과 수면 시간은 꼭 확보해야 한다.
건강을 그르치면 다 소용 없기 때문이다.
시간관리를 잘하여 인생에 승리하는 삶이 되길 바란다.

자기관리는 매우 중요하다. 건강관리, 비전관리, 정신관리 등
많은 관리가 필요하지만 시간 관리가 무너지면 인생이 무너진다.
주어진 시간을 어떻게 사용할 것인가? 인생을 잘 관리하라

시간앞에
나는겸손한가

이해

오해를 푸는 방법은 대화다.
대화는 억지로라도 해야 한다.
대화를 하고 싶은 상대도 있고, 그렇지 않은 상대도 있다.
하지만, 대화는 해야 한다. 그래야 오해를 해결할 수 있다.
오해가 계속되면 갈등이 생기고, 갈등이 길어지면,
아픔이 되고 상처가 된다.
그래서 오해를 풀려고 노력해야 한다.
자존심을 내려 놓고 먼저 손 내밀어 다가갈 때,
마음의 평안과 해결되는 기쁨이 가득할 것이다.
용기 있는 자가 먼저 손을 내미는 것이다.
그렇게 관계를 새롭게 만들어가야 한다.

다툼은 오해로 오는 경우가 많다.
그래서 대화를 할 때 잘하는 방법의 지혜가 필요하다.
오해가 잘 풀리면 이해가 되고, 관계 회복이 일어난다.
오해를 풀려고 노력하라. 행복을 만끽할 것이다.

오해가 풀리면
이해가 된다

자라나는 십대의 특징은 성장통을 겪는다는 것이다.
그래서 아파하고 힘들어 한다.
좋아도 좋다고, 싫어도 싫다고 말하지 못하는 특징도 있다.
관계가 끊어지는 것을 힘들어한다.
친구가 부모보다 더 가깝게 느껴지는 시기이기도 하다.
어른들은 이런 십대들에게 "똑바로 앉으라구",
"흔들리지 말라구" 말하지만,
십대의 특징은 흔들리는 성장통이 있다는 것이다.
그래서 아프고 힘들다는 것을 알아주고, 격려하며 기다려야 한다.
현재의 어른도 다 그 과정을 겪으며 성장하지 않았던가.

십대를 지나고 있는가? 십대의 특징은 '흔들리는 것'에 있다.
십대는 흔들려야 정상이다. 똑바로 앉기도, 똑바로 서 있기도 어려운 때다.
흔들리며 자기를 찾아가는 과정이기 때문이다. 정상이다.

삶에와 철소년
흔들리때마다 정상이다

탤런트

나는 글쓰는 것을 좋아한다.
어려서부터 일기를 썼고, 각종 백일장에서 상도 많이 받았다.
시인으로 등단을 했고, 책을 수십 권 썼다.
나는 글씨 쓰는 것을 좋아한다.
어려서부터 다양한 필기 도구로 글씨를 썼다.
그리고 나만의 글씨체가 만들어졌다.
캘리그라퍼가 없던 시절, 나는 붓펜으로 이미 캘리를 하고 있었다.
예쁜 엽서를 만들었다. 앞에는 내 손글씨로 시나 성경 구절을 적었다.
그리고 여러 사람에게 뒷면 백지에 글을 써서 보냈다.
그것을 받아든 사람들은 모두 행복해했다.

누구에게나 재능이 있다. 재능은 자신을 기쁘게 하는 것 뿐만 아니라,
타인을 이롭게 하라고 신이 인간에게 주신 '선물'이라고 한다.
재능을 축복의 도구로 사용하라. 자신도 타인도 다 행복해진다.

날려도
털려도 (talent)
재능은
축복의 도구로 사용하라

아내와 결혼을 결심했을 때, 가장 큰 이유는 헤어지기 싫어서였다.
그래서 함께 살기로 했다.
그때 내 프로포즈는 "나와 평생 한 방 쓸래요?"였다.
헤어지기 싫다는 것은 항상 함께 있고 싶다는 것이고,
함께 있고 싶은 이유는 사랑해서다.
사랑해서 결혼한다.
그러나 "당신 없이는 못살아" 했던 부부가
"당신 때문에 못살아"하는 경우를 많이 본다.
결혼은 사랑해서 하지만, '더욱 사랑하기 위해서' 하는 것이다.
그래서 더욱 사랑하기 위한 방법을 배워야 한다. 배워서 사용해야 한다.

'결혼을 왜 하는가' 물어보면 '사랑해서 한다'고 한다. 맞는 말이다.
하지만 더 맞는 말은 '앞으로 더 사랑하기 위해서' 하는 것이다.
앞으로의 인생길 혼자가 아닌 동반자로 가는 길이 결혼이다.

사랑해서가 보다
더 사랑하기 위해서
결혼을 하게 된다

III

사랑으로 살기

사랑

태어난 지 두 달 된 때부터 둘째딸 아이가 많이 아팠다.
병명은 '기관지, 천식, 폐렴' 합병증이었다.
병원에 가니, 네블라이저, 가래 떨어지라고 등 쳐주고,
뽑아내는 기계는 너무 갓난아이라 잘못하면
창자가 끌려올 수 있어 위험하니 빨아주라고 했다.
급기야 내가 달려들어 아이의 코를 2년 동안 빨았다.
빨고 뱉고를 반복하며 눈물은 하염없이 흘렀다.
그리고 2년 후 아이의 몸이 온전히 회복되었다.
딸은 사랑의 대상이기에 포기할 수 없었다.
사랑은 포기하지 않는 것이다.

'포기'란 '배추를 셀 때 세는 단위'다.
어떤 상황에도 포기하지 말라. 부모를, 자녀를, 친구를, 스승, 제자를 포기하지 말라.
사랑은 포기하지 않는 특징이 있다. 사랑할 사람을 끝까지 사랑하라.

사랑이 없는
독서는 병상이
될 수 없다

사랑으로 살기 ········ 89

중학교 때 나는 극히 내성적인 아이였다.
부모의 사랑을 제대로 받지못한 어린 시절이었다.
국어 수업 중이었는데, 선생님께서 아이들에게
조용히 책을 읽으라고 하시고는, 내 옆으로 오셨다. 그리고 나에게 말을 걸었다.
"관하야, 너는 나중에 선생님 해라. 잘할 것 같아.
글 쓰는 사람 되어라. 잘 쓰던데~".
선생님은 나의 나쁜 점을 보지 않으시고, 좋은 점을 찾아주셨다.
'관심'을 가지셨다. 그리고 '표현'을 하셨다.
잘 될거야 라는 '기대감'을 보여주셨다.
그후 나는 그 말대로 됐다.

사랑에는 3단계가 있다. 먼저 상대방의 나쁜 점보다 좋은 점에 관심을 갖는 것이다.
그리고 '잘될거야', '좋아' 하며 표현하는 것이다.
마지막으로 기대감을 갖는 것이다. 앞으로 더 잘될거야. 힘내.

사람이 꽃보다

· 귀하늘 같자
· 포근늘 하자
· 기뻐함늘 같자

소금

돈이 아무리 많아도 창고에 쌓아 놓고만 있으면
그것은 더 이상 돈이라고 하기 어렵다.
왜냐하면 '돈은 돌아야 돈'이기 때문이다.
돈은 돌아다니면서 영향을 미친다.
이처럼 소금도 소금통 속에만 있다면 그것은 '소금'이라고 말하기 어렵다.
왜냐하면 소금은 음식에 뿌려져야 맛을 내기 때문이다.
그것이 소금의 본연 기능이기 때문이다.
이처럼 우리의 삶도 세상에 뿌려져야 한다.
세상에 뿌려져 아름다운 맛을 내는 삶이 되어야 한다.
내것이 아닌 네것을 생각하며 섬기며 살아야 한다.

소금은 맛을 내야 한다. 그런데 소금통 속에만 있으면 맛을 낼 수 없다.
돈이 돌아야 돈인 것처럼 소금도 어떤 대상에 뿌려져야 맛을 낸다.
세상에 뿌려지는 맛나는 사람이 되어야 한다.

소금 속의
소금으로 머물지 말라

소금은
세상에 뿌려져야
맛을 낼 수 있다

한 가지

폭탄제조법을 알아내 볼링공만한 폭탄을 만들고 다녔던 제자가 있다.
나중에는 그것마저 재미가 없다고, 테니스공만한 폭탄을
수십 개씩 만들고 다녔던 아이였다.
또한 하루 11시간의 컴중독으로 생활을 제대로 하지 못하는 아이도 있었다.
두 아이들 모두 망가진 인생 같았다.
하지만 이 아이들을 위해 계속 기도하며 격려했다.
잘하는 한 가지를 찾아 잘할 수 있다고 더욱 격려했다.
그 결과 아이들에게 변화가 일어났다.
나쁜 것은 끊어지고 아이들은 회복되기 시작했다.

인생이 끝났다고 말하지 말라.
인생의 대부분이 별 볼 일 없고 망가진 것 같아도, 남은 한 가지에 희망을 걸라.
포기하지 않을 때 그 한 가지를 통해 남은 아홉아홉 가지도 회복될 것이다.

백 가지 중
아흔아홉 가지가 맞았어도
나머지 한 가지에
속맘을 가졌다면 후회다

파이프

서로에게 주고 받는 사랑이 있다.
사랑하는 사람이나 친구도 그렇다.
하지만 고귀한 사랑은 '내리사랑'이다.
내리사랑은 '흘려보내는 사랑'이다.
내가 주었기 때문에 그 사람에게서
사랑을 기대하거나 받고자 하는 것이 아니라, 그저 주고마는 것이다.
그렇다면 그 사랑을 어디서 볼까? 파이프를 떠올려보라.
파이프에 두 구멍이 있다.
한 쪽 파이프 구멍으로는 사랑을 공급 받고
한 쪽 파이프 구멍으로는 계속 내보내는 것이다.
그래서 진짜 사랑을 '내리사랑', '파이프사랑'이라고 한다.

주고받는 사랑보다 '내리사랑'을 하라.
주고받는 사랑은 줄 때 아깝고, 받고자 할 때 받지 못하면 서운하다.
사랑은 파이프와 같다. 한 쪽 구멍으로 사랑이 들어오고 또 한 쪽으로 흘러 나간다.

떠나온 사람
내린 사람
흘려 보내라

소통

부모와 자녀, 부부, 스승과 제자, 연인이나 친구 등
사람이 살아갈 때 관계의 어려움은 대부분 소통의 막힘에서 비롯된다.
그래서 소통이 잘 안되면 공감도 안되고 이해도 안된다.
이해가 안되니 오해가 생기고, 그래서 불통은 고통을 낳는다.
하지만 소통이 잘되는 관계는 기쁘다.
마음을 알 수 있고, 공감이 형성되기 때문이다.
그래서 소통이 능통이면 형통함을 누린다.
관계에서 중요한 것은 상대방을 연구하고 아는 것이다.
아는 만큼 소통의 길이 열린다. 그만큼 가까워진다.

소통이 어려우면 공감이 형성되지 않는다.
그래서 소통이 이루어지지 않으면 오해가 생기고 다툼이 일어날 수 있다.
반면 소통이 잘 이루어지면 오해가 이해가 되고, 형통의 기쁨을 누린다.

사랑이 부족이면 고통이고
사랑이 능통이면 행통이다

자신

누구에게나 부모가 있다. 원뿌리가 있다.
원뿌리가 상해있다면 자신을 점검해보라.
그 영향을 받았을 것이다.
원뿌리가 건강하다면 그것 또한 살펴보라.
역시 영향을 받았을 것이다.
당신의 원뿌리는 건강한가? 당신은 건강한가?
누구보다도 자신을 먼저 살피는 것이 중요하다.
과거의 상처, 안 좋은 영향력이 발견되면 그것을 고치기에 노력하라.
특히 어린 시절의 상처는 당신 잘못이 아니다.
그래도 상처는 만져지고 회복되어야 한다.
그래야 또 누군가의 좋은 원뿌리가 될 수 있다.

누구든지 부모의 영향력을 받는다. 그 영향력에는 좋은 것도 있지만 나쁜 것도 있다.
좋은 것은 이어가고 나쁜 것은 끊어야 한다. 자신을 살피고 알아야 한다.
그리고 자신을 사랑해야 한다.

자신을 받아주고
더욱 사랑하라

재능

나의 아내는 재봉질을 잘한다.
작은 복층에 살고 있는데 가끔 아내는 위층으로 올라간다.
그리고 이내 재봉질 소리가 난다.
며칠 후 나는 우리 집 강아지가 패딩을 입고 있는 것을 보았다.
아내가 만든 것이다. 그리고 또 며칠 후에 알았다.
옆 동네 강아지가 똑같은 패딩을 입고 있었다는 것을.
아내는 자신의 재봉질의 재능을 가지고 우리 강아지 뿐만 아니라,
동네의 강아지들에게까지 선물을 하고 있었던 것이다.
동네 강아지 주인들에게 정 담은 선물을 하고 있었던 것이다.

어떤 재능이 있는가? 재능을 발견했는가? 그것은 매우 중요하다.
더 중요한 것은 발견한 재능을 어떻게 사용하는가다.
주신 재능을 선한 도구로 사용하라. 여러 사람들이 행복해 할 것이다.

재능을 발견하는 것도
중요하다
그것을 살때 사용하는
것은 더욱 중요하다

길목

어렸을 때나 청소년 시절, 청장년이 되어도 완전할 수는 없다.
물질적 풍부나, 지식과 명예, 지위가 높아도 완전하다고 할 수 없다.
'어느 누구에게나 걱정이 있고, 문제가 있다'는 말처럼 완전한 삶은 없다.
하지만 인간은 그래서라도 한 걸음씩 완전을 추구하는 발걸음을 행한다.
그래도 완전을 이룩지는 못하지만, 그것에 가까울 수는 있다.
완전을 추구하는 불완전한 과정에서 완전을 느낄 수 있다.
현재의 불완전은 완전을 찾아가는 과정이다.
그래서 그 발걸음은 눈물겹게 아름답다.

인간은 불완전하다. 이 세상에 태어나 무엇을 추구하며 산다.
전문가, 완전한 무엇이 되고자 노력하지만 잘 되지 않는다.
완전은 과정 중에 누리는 기쁨, 감사, 자그마한 열매를 통하여 경험한다.

안전이란 없듯 없다
불안전에서 안전으로
가는 길목에서
완전한 것을 방해하게
된다

평범

코로나를 겪었던 3년간 사람들은 말했다.
"평범한 일상이 이렇게 소중한지 몰랐어."
평범하게 일어나 하루를 살고 잠자리에 드는 것은 행복이다.
또한 평범하게 사는 사람은 행복한 사람이다.
왜냐하면 현실은 내가 원치 않는 일이 갑자기 생기기 때문이다.
언젠가는 사랑하는 사람과 이별을 경험해야 할 때가 오기도 하기 때문이다.
평범한 인생, 자연스러운 인생.
울고 웃고 슬퍼하고 회복하는 일상은 자연스러운 인생이다.
그것이 우리의 삶이다. 그 삶을 포용하라.

한평생 평범한 삶은 축복이다.
더도 말고 덜도 말고 자연스러운 인생을 사는 것은 기쁨이다. 하지만 인생은 그렇지 않다.
실수도 있고, 실패도 있고, 눈물과 웃음도 있다.
자연스러운 인생이다.

평범한 사람은
자연스럽다
때로는 실수도 하고
눈물도 흘리고
깔깔대기도 한다

하룻밤을 새도 다음날 끄떡없는 청춘,
그 청춘의 시기를 지나면 활력은 점차 떨어지기 시작한다.
그래서 청춘의 시기에 여러 일들을 행하라.
실수도 좋다. 실패도 괜찮다.
무엇이든지 해볼 때 그만큼 생각하고 고뇌하고 연구하며 성장하게 된다.
경험은 매우 좋은 스승이다.
실패를 두려워말라, 실수를 아쉬워말라.
그 자체가 젊음의 특권이며 상징이다.
인생을 살아갈 때 그것이 밑바탕이 되어 성숙한 인격체로 살아가게 된다.
젊음을 사랑하라.
그 안에 아픔도 힘주어 끌어안으라.

젊음은 그 자체로 의미가 있다. 무엇이든 해볼 수 있다.
실수해도 그것은 미래의 자양분이 된다. 성장하는 동력이 된다.
자신의 젊음을 끌어안아라. 그리고 사랑하라. 인생은 그렇게 걸어간다.

나는 젊음을 사랑한다
젊음 속에서
험해진 말들은
실수 투성이라 할지라도
가치가 있다

사색

하루를 마감하고 작은 촛불을 켜라. 책상 위의 스탠드 불빛도 좋다.
그리고 잔잔한 음악을 들으며 하루를 묵상하라.
여러 사람들과 얽혀 있던 관계, 크고 작은 일들을 한 편으로 밀고
오롯이 자신을 생각해보라.
내면의 자아와 만나보라. 본질은 자신에게 있다.
자신을 아는 만큼 삶도 더욱 살만해지리라.
타인을 통한 자신의 발견도 필요할 때가 있지만,
내가 나 자신을 인식하고 살피고 격려하고 사랑하는 것이 더 중요하다.
깊은 사색의 시간을 확보하라. 점점 성장해 가는 나를 발견하리라

상황과 관계, 얽혀 있는 삶의 고리에서 자신을 성찰하는 사색의 시간을 가져라.
방황의 늪에서 고민할 때도 자신이 누구인지를 생각하라.
왜 이 시대 이 땅에 자신이 살아가고 있는지 깊게 묵상하라

깊은 사색과
밤함에서
익는은 접하로
깨삶을 방해해 간다

맺 말

자식을 살리기 위해 목숨을 버린 부모님,
제자를 살리기 위해 생명을 내놓은 선생님,
모르는 사람을 위해서 기꺼이 죽음까지 마다하지 않는
사람을 볼 때면 고개가 숙그러지고 숙연해진다.
그 죽음은 큰 가치가 있기 때문이다.
자기만 잘 먹고 잘 사는 인생이 아니라,
타인을 위해 살아가는 삶은 감동을 주고 세상을 아름답게 만든다.
많은 것을 가지고 있기 때문에, 칭송 받는 삶이 아니라,
가지고 있는 것을 남에게 베풀어 주는 인생으로
의미 있는 삶을 살아가야 한다.

한 알 그대로 있으면 많은 열매를 맺지 못한다. 썩어 없어져야 한다.
소금은 녹아야 맛을 낸다. 촛불처럼 사그러질 때까지 세상을 환히 비추는 인생.
값진 인생이다. 아름다운 인생이다.

한 알의
썩어지는 밀알처럼

녹아져
맛을 내는 소금처럼

살아도 죽어도
아름다운 맛을 내는
인생이 되길 십다

사람은 누구나 실수를 한다. 잘못을 저지르기도 한다.
완벽한 사람은 세상에 아무도 없다.
허약의 범죄를 두둔하는 것은 당연히 아니지만,
작은 실수나 잘못을 저지른 사람에게는
비판과 질책보다는 관용으로 용서할 때가 필요하다.
특히 자라나는 청소년이나 아이들일 경우에는 더욱 그렇다.
이 아이들은 살아본 날보다 살아가야 할 날들이 더 많기 때문이다.
지금도 잘못한 사람이 보이는가? 먼저 관용의 마음으로 대하라.
잘못 이전에 그 사람 자체를 보고 대하는 것이 우선이다.

실수나 잘못한 사람을 관용으로 용서하라.
비판과 질책은 죄를 꾸짖을 수 있지만 사람을 변화시키지는 못한다.
그러므로 넓은 아량과 용서가 필요하다. 사람이 감동을 받으면 인생이 바뀐다.

비판과 정책보다는
관용으로 용서하라

용납

도저히 용서할 수 없는 사람이 있는가?
아무리 생각해도 인간이 아니라고 생각하는 사람이 있는가?
그래도 용서하라. 용서는 그 사람을 위해서라기보다 자신을 위해서다.
용서는 한 번에 해결되는 것이 아니어서 반복되어가는 과정이다.
그래도 정말 용서하기 어렵다면 용납하라.
용납은 그대로 인정하고 받아들이는 것을 말한다.
그 사람은 원래 그렇게 살아가는 사람이라는 것을
인정하고 마음을 편히 가지라는 것이다.
용서와 용납은 먼저 내 마음을 다스리는 것이다.

용서하는 마음이 도저히 일어나지 않을 때가 있다.
그런 사람이 있다. 그럴 때는 용납하라. 용납은 그대로 인정하는 것이다.
본래 그렇게 사는 사람이라고 인정하는 것이다. 한결 편해질 것이다.

용서하기
어려운 사람이 있다
그럴때는
응답하노라

상처

나에게 가장 큰 상처를 준 사람은 다름아닌 아버지였다.
어린 시절 나를 키우지도 않았고, 술먹고 취한 모습만 보여주었던 분.
자식에게 사랑한다라는 말도 하지 못하고 안아준 기억도 없는 분.
하지만 내가 어른이 되고 아버지가 되고, 하나님을 만났을 때,
내 육신의 아버지를 생각하게 되었다.
나의 생각이 아닌 하나님 아버지의 마음으로 보게 되었다.
19살, 외동아들로 결혼한 내 아버지, 얼마나 외로웠을까,
알콜 중독 할아버지 밑에서 얼마나 힘들었을까.
나는 아버지를 용서하게 되었다.

상처를 받았는가. 미운 사람이 있는가. 그 사람을 생각하면 아플 것이다.
상처를 준 사람을 생각하는 것보다 상처를 아물기에 노력하라.
회복을 주시는 위로의 하나님을 묵상하고 의지하라.

상처를 준 사람을
복수하지 말고
축복을 주는
하나님을 복사하라

나에게 너

1995년도에 출간한 나의 첫 시집 제목은 '나에게 너는 아름답다'였다.
흔들리는 십대들이, 고통 받는 사람들이,
어쩔 줄 몰라 하는 삶의 요동을 경험하는 사람들이 아름다웠다.
그 힘든 때 누군가를 만나 힘을 얻고, 제자리로 돌아오는 희망을 품으매,
그 사람들이 아름답게 느껴진 것이다.
그들은 내 마음에 내 귓가에 내 눈동자에 지금도 머물러 있다.
그것이 부모나 자녀, 부부, 친구, 동료 관계가 될 수 있다.
그리고 나를 항시 지켜주고 보호해 주는 누군가가 될 수 있다.

외로워 말기를, 힘겨워 말기를, 고통스러워 말기를.
아니 그런 현실에도 소망을 가슴에 품기를, 몸부림쳐 앞에 놓인 자기의 삶을 끌어안기를.
그런 너의 모습이 '나에게 너는 아름답다'.

내 마음속의 꽃으로
내 귓가의 노래로
내 눈동자의 신구절로
섬처럼 떠돌고있는 그대

나에게 남은 마음입니다
나에게 남은 마음입니다

• 저자의 캘리모음

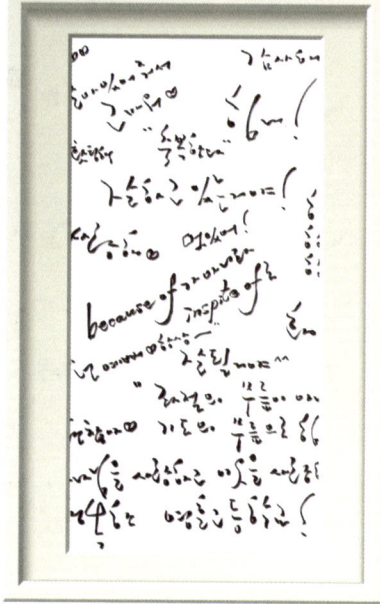
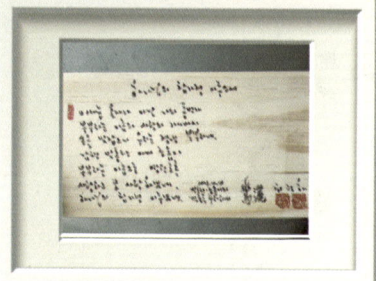

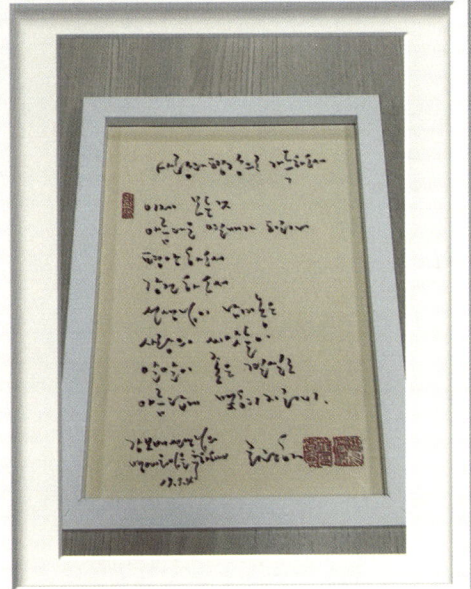

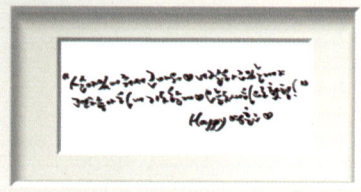
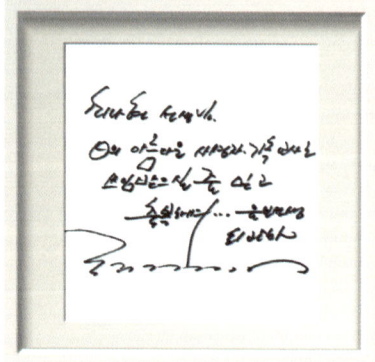